DIRECTOR:
____

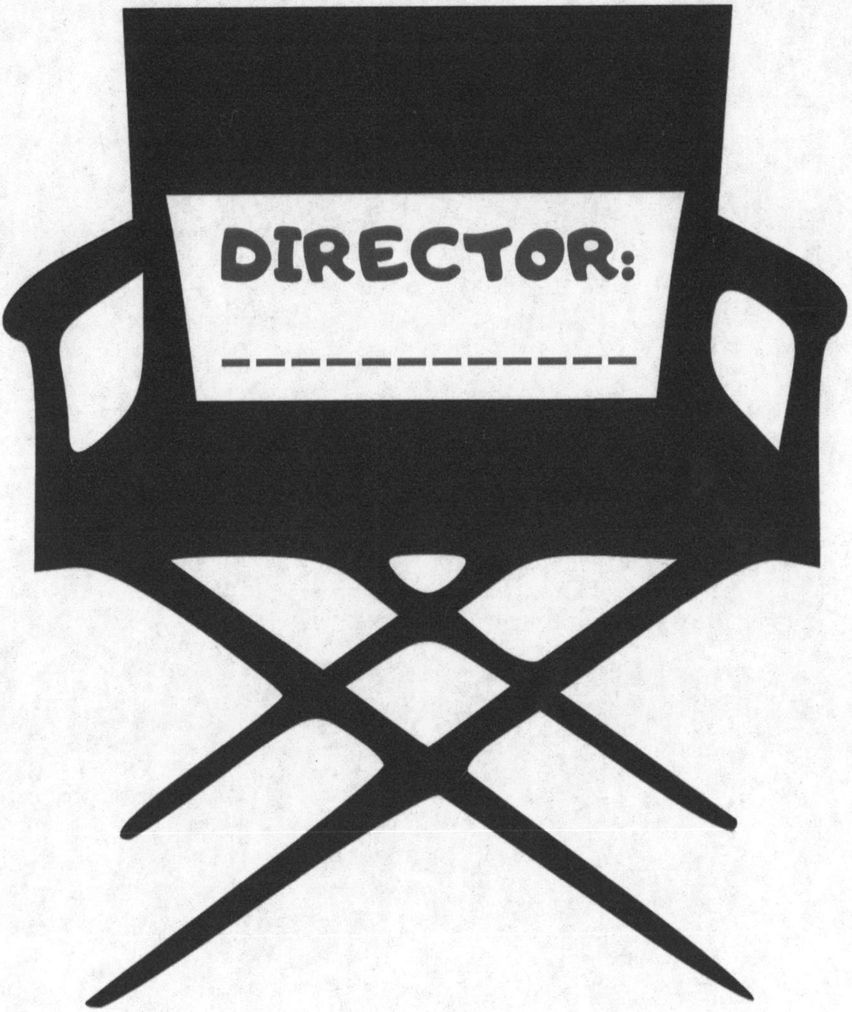

Mi top 100

Calificación

1		
2		
3		
4		
5		
6		
7		
8		
9		
10		
11		
12		
13		
14		
15		
16		
17		
18		
19		
20		

21		
22		
23		
24		
25		
26		
27		
28		
29		
30		
31		
32		
33		
34		
35		
36		
37		
38		
39		
40		

41	
42	
43	
44	
45	
46	
47	
48	
49	
50	
51	
52	
53	
54	
55	
56	
57	
58	
59	
60	

61

62

63

64

65

66

67

68

69

70

71

72

73

74

75

76

77

78

79

80

81

82

83

84

85

86

87

88

89

90

91

92

93

94

95

96

97

98

99

100

TÍTULO: ____

Año: __________   Género: ____________   Fecha visionado: __________

Director: ____

☆ ☆ ☆ ☆ ☆

Reparto: ____

____

☆ ☆ ☆ ☆ ☆

Guión: ____

☆ ☆ ☆ ☆ ☆

Fotografía: ____

☆ ☆ ☆ ☆ ☆

Efectos Visuales/Animación ____

☆ ☆ ☆ ☆ ☆

Vestuario: ____

☆ ☆ ☆ ☆ ☆

Banda Sonora: ____

☆ ☆ ☆ ☆ ☆

CALIFICACIÓN FINAL: ☆ ☆ ☆ ☆ ☆   __________ estrellas*

Comentarios: ____

____

____

* Promedio

TÍTULO: _______________________________________

Año: _________ **Género:** _____________ **Fecha visionado:** _________

Director: _______________________________________

☆☆☆☆☆

Reparto: _______________________________________

____

☆☆☆☆☆

Guión: _______________________________________

☆☆☆☆☆

Fotografía: _______________________________________

☆☆☆☆☆

Efectos Visuales/Animación _______________________________________

☆☆☆☆☆

Vestuario: _______________________________________

☆☆☆☆☆

Banda Sonora: _______________________________________

☆☆☆☆☆

CALIFICACIÓN FINAL: ☆☆☆☆☆ _________ **estrellas**

Comentarios: _______________________________________

____

____

____

TÍTULO: ____

Año: _______ Género: _____________ Fecha visionado: ___________

Director: ____

☆ ☆ ☆ ☆ ☆

Reparto: ____

____

☆ ☆ ☆ ☆ ☆

Guión: ____

☆ ☆ ☆ ☆ ☆

Fotografía: ____

☆ ☆ ☆ ☆ ☆

Efectos Visuales/Animación _____________________________

☆ ☆ ☆ ☆ ☆

Vestuario: ____

☆ ☆ ☆ ☆ ☆

Banda Sonora: ____

☆ ☆ ☆ ☆ ☆

CALIFICACIÓN FINAL: ☆ ☆ ☆ ☆ ☆ ___________ estrellas

Comentarios: ____

____

____

____

TÍTULO: ____

Año: _________ Género: _____________ Fecha visionado: _________

Director: ____

☆ ☆ ☆ ☆ ☆

Reparto: ____

____

☆ ☆ ☆ ☆ ☆

Guión: ____

☆ ☆ ☆ ☆ ☆

Fotografía: ____

☆ ☆ ☆ ☆ ☆

Efectos Visuales/Animación ____

☆ ☆ ☆ ☆ ☆

Vestuario: ____

☆ ☆ ☆ ☆ ☆

Banda Sonora: ____

☆ ☆ ☆ ☆ ☆

CALIFICACIÓN FINAL: ☆ ☆ ☆ ☆ ☆ _________ estrellas

Comentarios: ____

____

____

____

TÍTULO: ____

Año: _________   Género: ______________   Fecha visionado: _________

Director: ____

☆☆☆☆☆

Reparto: ____

____

☆☆☆☆☆

Guión: ____

☆☆☆☆☆

Fotografía: ____

☆☆☆☆☆

Efectos Visuales/Animación _______________________________

☆☆☆☆☆

Vestuario: ____

☆☆☆☆☆

Banda Sonora: ____

☆☆☆☆☆

CALIFICACIÓN FINAL: ☆☆☆☆☆   _________ estrellas

Comentarios: ____

____

____

____

TÍTULO: ____

Año: __________ **Género:** _______________ **Fecha visionado:** __________

Director: ____

☆ ☆ ☆ ☆ ☆

Reparto: ____

____

☆ ☆ ☆ ☆ ☆

Guión: ____

☆ ☆ ☆ ☆ ☆

Fotografía: ____

☆ ☆ ☆ ☆ ☆

Efectos Visuales/Animación ____

☆ ☆ ☆ ☆ ☆

Vestuario: ____

☆ ☆ ☆ ☆ ☆

Banda Sonora: ____

☆ ☆ ☆ ☆ ☆

CALIFICACIÓN FINAL: ☆ ☆ ☆ ☆ ☆ __________ **estrellas**

Comentarios: ____

____

____

____

TÍTULO: _______________________________

Año: _______ **Género:** _______ **Fecha visionado:** _______

Director: _______________________________

☆ ☆ ☆ ☆ ☆

Reparto: _______________________________

____

☆ ☆ ☆ ☆ ☆

Guión: _______________________________

☆ ☆ ☆ ☆ ☆

Fotografía: _______________________________

☆ ☆ ☆ ☆ ☆

Efectos Visuales/Animación _______________________________

☆ ☆ ☆ ☆ ☆

Vestuario: _______________________________

☆ ☆ ☆ ☆ ☆

Banda Sonora: _______________________________

☆ ☆ ☆ ☆ ☆

CALIFICACIÓN FINAL: ☆ ☆ ☆ ☆ ☆ _______ **estrellas**

Comentarios: _______________________________

____

____

____

TÍTULO: ____

Año: _________ **Género:** _____________ **Fecha visionado:** _________

Director: ____

☆ ☆ ☆ ☆ ☆

Reparto: ____

____

☆ ☆ ☆ ☆ ☆

Guión: ____

☆ ☆ ☆ ☆ ☆

Fotografía: ____

☆ ☆ ☆ ☆ ☆

Efectos Visuales/Animación _____________________________

☆ ☆ ☆ ☆ ☆

Vestuario: ____

☆ ☆ ☆ ☆ ☆

Banda Sonora: ____

☆ ☆ ☆ ☆ ☆

CALIFICACIÓN FINAL: ☆ ☆ ☆ ☆ ☆ __________ **estrellas**

Comentarios: ____

____

____

____

TÍTULO: ____

Año: __________ **Género:** ______________ **Fecha visionado:** __________

Director: ____

☆ ☆ ☆ ☆ ☆

Reparto: ____

____

☆ ☆ ☆ ☆ ☆

Guión: ____

☆ ☆ ☆ ☆ ☆

Fotografía: ____

☆ ☆ ☆ ☆ ☆

Efectos Visuales/Animación __________________________

☆ ☆ ☆ ☆ ☆

Vestuario: ____

☆ ☆ ☆ ☆ ☆

Banda Sonora: ____

☆ ☆ ☆ ☆ ☆

CALIFICACIÓN FINAL: ☆ ☆ ☆ ☆ ☆ __________ **estrellas**

Comentarios: ____

____

____

____

TÍTULO: ____

Año: _________ **Género:** ___________ **Fecha visionado:** _________

Director: ____

☆☆☆☆☆

Reparto: ____

____

☆☆☆☆☆

Guión: ____

☆☆☆☆☆

Fotografía: ____

☆☆☆☆☆

Efectos Visuales/Animación ____________________________

☆☆☆☆☆

Vestuario: ____

☆☆☆☆☆

Banda Sonora: ____

☆☆☆☆☆

CALIFICACIÓN FINAL: ☆☆☆☆☆ _________ **estrellas**

Comentarios: ____

____

____

____

TÍTULO: _______________________________________

Año: _________ Género: _____________ Fecha visionado: _________

Director: _______________________________________

☆ ☆ ☆ ☆ ☆

Reparto: _______________________________________

____

☆ ☆ ☆ ☆ ☆

Guión: _______________________________________

☆ ☆ ☆ ☆ ☆

Fotografía: _______________________________________

☆ ☆ ☆ ☆ ☆

Efectos Visuales/Animación _______________________________________

☆ ☆ ☆ ☆ ☆

Vestuario: _______________________________________

☆ ☆ ☆ ☆ ☆

Banda Sonora: _______________________________________

☆ ☆ ☆ ☆ ☆

CALIFICACIÓN FINAL: ☆ ☆ ☆ ☆ ☆ _________ estrellas

Comentarios: _______________________________________

____

____

____

TÍTULO: _______________________________________

Año: _________   Género: _____________   Fecha visionado: _________

Director: _______________________________________

☆ ☆ ☆ ☆ ☆

Reparto: _______________________________________

____

☆ ☆ ☆ ☆ ☆

Guión: _______________________________________

☆ ☆ ☆ ☆ ☆

Fotografía: _______________________________________

☆ ☆ ☆ ☆ ☆

Efectos Visuales/Animación _______________________

☆ ☆ ☆ ☆ ☆

Vestuario: _______________________________________

☆ ☆ ☆ ☆ ☆

Banda Sonora: ____________________________________

☆ ☆ ☆ ☆ ☆

CALIFICACIÓN FINAL: ☆ ☆ ☆ ☆ ☆   ____________ estrellas

Comentarios: _____________________________________

____

____

____

TÍTULO: ____

Año: _________ **Género:** _____________ **Fecha visionado:** __________

Director: ____

☆ ☆ ☆ ☆ ☆

Reparto: ____

____

☆ ☆ ☆ ☆ ☆

Guión: ____

☆ ☆ ☆ ☆ ☆

Fotografía: ____

☆ ☆ ☆ ☆ ☆

Efectos Visuales/Animación __________________________

☆ ☆ ☆ ☆ ☆

Vestuario: ____

☆ ☆ ☆ ☆ ☆

Banda Sonora: _______________________________________

☆ ☆ ☆ ☆ ☆

CALIFICACIÓN FINAL: ☆ ☆ ☆ ☆ ☆ _________ **estrellas**

Comentarios: ____

____

____

____

TÍTULO: ____

Año: _________ **Género:** ____________ **Fecha visionado:** _______

Director: ____

☆ ☆ ☆ ☆ ☆

Reparto: ____

____

☆ ☆ ☆ ☆ ☆

Guión: ____

☆ ☆ ☆ ☆ ☆

Fotografía: ____

☆ ☆ ☆ ☆ ☆

Efectos Visuales/Animación ______________________________

☆ ☆ ☆ ☆ ☆

Vestuario: ____

☆ ☆ ☆ ☆ ☆

Banda Sonora: ____

☆ ☆ ☆ ☆ ☆

CALIFICACIÓN FINAL: ☆ ☆ ☆ ☆ ☆ _________ **estrellas**

Comentarios: ____

____

____

____

TÍTULO:

Año: **Género:** **Fecha visionado:**

Director:

☆ ☆ ☆ ☆ ☆

Reparto:

☆ ☆ ☆ ☆ ☆

Guión:

☆ ☆ ☆ ☆ ☆

Fotografía:

☆ ☆ ☆ ☆ ☆

Efectos Visuales/Animación

☆ ☆ ☆ ☆ ☆

Vestuario:

☆ ☆ ☆ ☆ ☆

Banda Sonora:

☆ ☆ ☆ ☆ ☆

CALIFICACIÓN FINAL: ☆ ☆ ☆ ☆ ☆ **estrellas**

Comentarios:

TÍTULO: ____

Año: _________ Género: _________ Fecha visionado: _________

Director: ____

☆ ☆ ☆ ☆ ☆

Reparto: ____

____

☆ ☆ ☆ ☆ ☆

Guión: ____

☆ ☆ ☆ ☆ ☆

Fotografía: ____

☆ ☆ ☆ ☆ ☆

Efectos Visuales/Animación _______________________________

☆ ☆ ☆ ☆ ☆

Vestuario: ____

☆ ☆ ☆ ☆ ☆

Banda Sonora: ____

☆ ☆ ☆ ☆ ☆

CALIFICACIÓN FINAL: ☆ ☆ ☆ ☆ ☆ _________ estrellas

Comentarios: ____

____

____

____

TÍTULO: _______________________________________

Año: _________ Género: _____________ Fecha visionado: _________

Director: _______________________________________

☆ ☆ ☆ ☆ ☆

Reparto: _______________________________________

____

☆ ☆ ☆ ☆ ☆

Guión: _______________________________________

☆ ☆ ☆ ☆ ☆

Fotografía: _______________________________________

☆ ☆ ☆ ☆ ☆

Efectos Visuales/Animación _______________________________________

☆ ☆ ☆ ☆ ☆

Vestuario: _______________________________________

☆ ☆ ☆ ☆ ☆

Banda Sonora: _______________________________________

☆ ☆ ☆ ☆ ☆

CALIFICACIÓN FINAL: ☆ ☆ ☆ ☆ ☆ _________ estrellas

Comentarios:

____

____

____

TÍTULO: ____

Año: __________ **Género:** ______________ **Fecha visionado:** __________

Director: ____

☆ ☆ ☆ ☆ ☆

Reparto: ____

____

☆ ☆ ☆ ☆ ☆

Guión: ____

☆ ☆ ☆ ☆ ☆

Fotografía: ____

☆ ☆ ☆ ☆ ☆

Efectos Visuales/Animación ____________________________

☆ ☆ ☆ ☆ ☆

Vestuario: ____

☆ ☆ ☆ ☆ ☆

Banda Sonora: ____

☆ ☆ ☆ ☆ ☆

CALIFICACIÓN FINAL: ☆ ☆ ☆ ☆ ☆ __________ **estrellas**

Comentarios: ____

____

____

____

TÍTULO: _______________________________

Año: _______   **Género:** _______   **Fecha visionado:** _______

Director: _______________________________

☆ ☆ ☆ ☆ ☆

Reparto: _______________________________
____

☆ ☆ ☆ ☆ ☆

Guión: _______________________________

☆ ☆ ☆ ☆ ☆

Fotografía: _______________________________

☆ ☆ ☆ ☆ ☆

Efectos Visuales/Animación _______________________________

☆ ☆ ☆ ☆ ☆

Vestuario: _______________________________

☆ ☆ ☆ ☆ ☆

Banda Sonora: _______________________________

☆ ☆ ☆ ☆ ☆

CALIFICACIÓN FINAL: ☆ ☆ ☆ ☆ ☆   _______ **estrellas**

Comentarios: _______________________________
____
____
____

TÍTULO: ____

Año: _________ Género: _____________ Fecha visionado: _________

Director: ____

☆ ☆ ☆ ☆ ☆

Reparto: ____

____

☆ ☆ ☆ ☆ ☆

Guión: ____

☆ ☆ ☆ ☆ ☆

Fotografía: ____

☆ ☆ ☆ ☆ ☆

Efectos Visuales/Animación ____

☆ ☆ ☆ ☆ ☆

Vestuario: ____

☆ ☆ ☆ ☆ ☆

Banda Sonora: ____

☆ ☆ ☆ ☆ ☆

CALIFICACIÓN FINAL: ☆ ☆ ☆ ☆ ☆ __________ estrellas

Comentarios: ____

____

____

____

TÍTULO: _______________________________

Año: _________ Género: _____________ Fecha visionado: _________

Director: _____________________________

☆ ☆ ☆ ☆ ☆

Reparto: ______________________________

____

☆ ☆ ☆ ☆ ☆

Guión: ________________________________

☆ ☆ ☆ ☆ ☆

Fotografía: ___________________________

☆ ☆ ☆ ☆ ☆

Efectos Visuales/Animación ____________

☆ ☆ ☆ ☆ ☆

Vestuario: ____________________________

☆ ☆ ☆ ☆ ☆

Banda Sonora: _________________________

☆ ☆ ☆ ☆ ☆

CALIFICACIÓN FINAL: ☆ ☆ ☆ ☆ ☆ _________ estrellas

Comentarios: __________________________

____

____

____

TÍTULO: ____

Año: _________ Género: _____________ Fecha visionado: __________

Director: ____

☆☆☆☆☆

Reparto: ____

____

☆☆☆☆☆

Guión: ____

☆☆☆☆☆

Fotografía: ____

☆☆☆☆☆

Efectos Visuales/Animación _______________________________

☆☆☆☆☆

Vestuario: ____

☆☆☆☆☆

Banda Sonora: ____

☆☆☆☆☆

CALIFICACIÓN FINAL: ☆☆☆☆☆ __________ estrellas

Comentarios: ____

____

____

____

____

TÍTULO: _______________________________________

Año: _______ **Género:** _____________ **Fecha visionado:** _______

Director: _____________________________________

☆ ☆ ☆ ☆ ☆

Reparto: ______________________________________

____

☆ ☆ ☆ ☆ ☆

Guión: ____

☆ ☆ ☆ ☆ ☆

Fotografía: ___________________________________

☆ ☆ ☆ ☆ ☆

Efectos Visuales/Animación ___________________

☆ ☆ ☆ ☆ ☆

Vestuario: ____________________________________

☆ ☆ ☆ ☆ ☆

Banda Sonora: _________________________________

☆ ☆ ☆ ☆ ☆

CALIFICACIÓN FINAL: ☆ ☆ ☆ ☆ ☆ _______ **estrellas**

Comentarios: __________________________________

____

____

____

TÍTULO: ____

Año: _________ Género: ______________ Fecha visionado: _________

Director: ____

☆☆☆☆☆

Reparto: ____

____

☆☆☆☆☆

Guión: ____

☆☆☆☆☆

Fotografía: ____

☆☆☆☆☆

Efectos Visuales/Animación _______________________________

☆☆☆☆☆

Vestuario: ____

☆☆☆☆☆

Banda Sonora: ____

☆☆☆☆☆

CALIFICACIÓN FINAL: ☆☆☆☆☆ _________ estrellas

Comentarios: ____

____

____

____

TÍTULO: _______________________________

Año: _______ Género: _______ Fecha visionado: _______

Director: _______________________________
☆ ☆ ☆ ☆ ☆

Reparto: _______________________________
____
☆ ☆ ☆ ☆ ☆

Guión: _______________________________
☆ ☆ ☆ ☆ ☆

Fotografía: _______________________________
☆ ☆ ☆ ☆ ☆

Efectos Visuales/Animación _______________________________
☆ ☆ ☆ ☆ ☆

Vestuario: _______________________________
☆ ☆ ☆ ☆ ☆

Banda Sonora: _______________________________
☆ ☆ ☆ ☆ ☆

CALIFICACIÓN FINAL: ☆ ☆ ☆ ☆ ☆ _______ estrellas

Comentarios: _______________________________
____
____
____

TÍTULO: _______________________________________

Año: ________ Género: _____________ Fecha visionado: ________

Director: _______________________________________

☆☆☆☆☆

Reparto: _______________________________________

____

☆☆☆☆☆

Guión: _______________________________________

☆☆☆☆☆

Fotografía: _______________________________________

☆☆☆☆☆

Efectos Visuales/Animación _______________________

☆☆☆☆☆

Vestuario: _______________________________________

☆☆☆☆☆

Banda Sonora: ___________________________________

☆☆☆☆☆

CALIFICACIÓN FINAL: ☆☆☆☆☆ ________ estrellas

Comentarios: ___________________________________

____

____

____

TÍTULO: ____

Año: __________ **Género:** __________ **Fecha visionado:** __________

Director: ____
☆ ☆ ☆ ☆ ☆

Reparto: ____

____
☆ ☆ ☆ ☆ ☆

Guión: ____
☆ ☆ ☆ ☆ ☆

Fotografía: ____
☆ ☆ ☆ ☆ ☆

Efectos Visuales/Animación ____
☆ ☆ ☆ ☆ ☆

Vestuario: ____
☆ ☆ ☆ ☆ ☆

Banda Sonora: ____
☆ ☆ ☆ ☆ ☆

CALIFICACIÓN FINAL: ☆ ☆ ☆ ☆ ☆ __________ **estrellas**

Comentarios: ____

____

____

____

TÍTULO: ____

Año: _________ Género: _____________ Fecha visionado: _________

Director: ____

☆☆☆☆☆

Reparto: ____

____

☆☆☆☆☆

Guión: ____

☆☆☆☆☆

Fotografía: ____

☆☆☆☆☆

Efectos Visuales/Animación ____

☆☆☆☆☆

Vestuario: ____

☆☆☆☆☆

Banda Sonora: ____

☆☆☆☆☆

CALIFICACIÓN FINAL: ☆☆☆☆☆ _________ estrellas

Comentarios: ____

____

____

____

TÍTULO: _______________________________

Año: _______ Género: _______ Fecha visionado: _______

Director: _______________________________

Reparto: _______________________________

____

Guión: _______________________________

Fotografía: _______________________________

Efectos Visuales/Animación _______________________________

Vestuario: _______________________________

Banda Sonora: _______________________________

CALIFICACIÓN FINAL: _______ estrellas

Comentarios: _______________________________

____

____

____

TÍTULO: ____

Año: _________ **Género:** _____________ **Fecha visionado:** _________

Director: ____

☆ ☆ ☆ ☆ ☆

Reparto: ____

____

☆ ☆ ☆ ☆ ☆

Guión: ____

☆ ☆ ☆ ☆ ☆

Fotografía: ____

☆ ☆ ☆ ☆ ☆

Efectos Visuales/Animación ___________________________

☆ ☆ ☆ ☆ ☆

Vestuario: ____

☆ ☆ ☆ ☆ ☆

Banda Sonora: ____

☆ ☆ ☆ ☆ ☆

CALIFICACIÓN FINAL: ☆ ☆ ☆ ☆ ☆ _________ **estrellas**

Comentarios: ____

____

____

____

TÍTULO: _______________________________________

Año: _______ Género: _____________ Fecha visionado: _________

Director: _______________________________________

☆☆☆☆☆

Reparto: _______________________________________

____

☆☆☆☆☆

Guión: _______________________________________

☆☆☆☆☆

Fotografía: _______________________________________

☆☆☆☆☆

Efectos Visuales/Animación _______________________

☆☆☆☆☆

Vestuario: _______________________________________

☆☆☆☆☆

Banda Sonora: ___________________________________

☆☆☆☆☆

CALIFICACIÓN FINAL: ☆☆☆☆☆ _______ estrellas

Comentarios: _____________________________________

____

____

____

TÍTULO: _______________________________

Año: _______ Género: _______________ Fecha visionado: _______

Director: _______________________________

⭐⭐⭐⭐⭐

Reparto: _______________________________

____

⭐⭐⭐⭐⭐

Guión: _______________________________

⭐⭐⭐⭐⭐

Fotografía: _______________________________

⭐⭐⭐⭐⭐

Efectos Visuales/Animación _______________________________

⭐⭐⭐⭐⭐

Vestuario: _______________________________

⭐⭐⭐⭐⭐

Banda Sonora: _______________________________

⭐⭐⭐⭐⭐

CALIFICACIÓN FINAL: ⭐⭐⭐⭐⭐ _______ estrellas

Comentarios: _______________________________

____

____

____

TÍTULO: ____

Año: __________ **Género:** _______________ **Fecha visionado:** ___________

Director: ____

☆ ☆ ☆ ☆ ☆

Reparto: ____

____

☆ ☆ ☆ ☆ ☆

Guión: ____

☆ ☆ ☆ ☆ ☆

Fotografía: ____

☆ ☆ ☆ ☆ ☆

Efectos Visuales/Animación _______________________________

☆ ☆ ☆ ☆ ☆

Vestuario: ____

☆ ☆ ☆ ☆ ☆

Banda Sonora: ____

☆ ☆ ☆ ☆ ☆

CALIFICACIÓN FINAL: ☆ ☆ ☆ ☆ ☆ __________ **estrellas**

Comentarios: ____

____

____

____

TÍTULO: ____

Año: _________ Género: _____________ Fecha visionado: _________

Director: ___________________________________

☆☆☆☆☆

Reparto: ___________________________________

____

☆☆☆☆☆

Guión: _____________________________________

☆☆☆☆☆

Fotografía: ________________________________

☆☆☆☆☆

Efectos Visuales/Animación _________________

☆☆☆☆☆

Vestuario: _________________________________

☆☆☆☆☆

Banda Sonora: _____________________________

☆☆☆☆☆

CALIFICACIÓN FINAL: ☆☆☆☆☆ _________ estrellas

Comentarios:
____
____
____
____

TÍTULO: _______________________________

Año: ________ **Género:** ________ **Fecha visionado:** ________

Director: _______________________________

☆ ☆ ☆ ☆ ☆

Reparto: _______________________________

____

☆ ☆ ☆ ☆ ☆

Guión: _______________________________

☆ ☆ ☆ ☆ ☆

Fotografía: _______________________________

☆ ☆ ☆ ☆ ☆

Efectos Visuales/Animación _______________________________

☆ ☆ ☆ ☆ ☆

Vestuario: _______________________________

☆ ☆ ☆ ☆ ☆

Banda Sonora: _______________________________

☆ ☆ ☆ ☆ ☆

CALIFICACIÓN FINAL: ☆ ☆ ☆ ☆ ☆ ________ **estrellas**

Comentarios: _______________________________

____

____

____

TÍTULO: ____

Año: __________   **Género:** _______________   **Fecha visionado:** __________

Director: ____

☆ ☆ ☆ ☆ ☆

Reparto: ____

____

☆ ☆ ☆ ☆ ☆

Guión: ____

☆ ☆ ☆ ☆ ☆

Fotografía: ____

☆ ☆ ☆ ☆ ☆

Efectos Visuales/Animación ____

☆ ☆ ☆ ☆ ☆

Vestuario: ____

☆ ☆ ☆ ☆ ☆

Banda Sonora: ____

☆ ☆ ☆ ☆ ☆

CALIFICACIÓN FINAL: ☆ ☆ ☆ ☆ ☆ __________ **estrellas**

Comentarios: ____

____

____

____

TÍTULO: ____

Año: _______ **Género:** ___________ **Fecha visionado:** _______

Director: ____

☆☆☆☆☆

Reparto: ____

____

☆☆☆☆☆

Guión: ____

☆☆☆☆☆

Fotografía: ____

☆☆☆☆☆

Efectos Visuales/Animación ____________________________

☆☆☆☆☆

Vestuario: ____

☆☆☆☆☆

Banda Sonora: ____

☆☆☆☆☆

CALIFICACIÓN FINAL: ☆☆☆☆☆ _________ **estrellas**

Comentarios: ____

____

____

____

TÍTULO:_______________________________________

Año: _________ Género: _______________ Fecha visionado: _________

Director: _______________________________________

☆ ☆ ☆ ☆ ☆

Reparto: _______________________________________

____

☆ ☆ ☆ ☆ ☆

Guión: _______________________________________

☆ ☆ ☆ ☆ ☆

Fotografía: _______________________________________

☆ ☆ ☆ ☆ ☆

Efectos Visuales/Animación_______________________________________

☆ ☆ ☆ ☆ ☆

Vestuario: _______________________________________

☆ ☆ ☆ ☆ ☆

Banda Sonora: _______________________________________

☆ ☆ ☆ ☆ ☆

CALIFICACIÓN FINAL: ☆ ☆ ☆ ☆ ☆ _________ estrellas

Comentarios:

____

____

____

____

TÍTULO: ____

Año: _________ **Género:** _____________ **Fecha visionado:** _________

Director: ____
☆ ☆ ☆ ☆ ☆

Reparto: ____
____
☆ ☆ ☆ ☆ ☆

Guión: ____
☆ ☆ ☆ ☆ ☆

Fotografía: ____
☆ ☆ ☆ ☆ ☆

Efectos Visuales/Animación ____________________________
☆ ☆ ☆ ☆ ☆

Vestuario: ____
☆ ☆ ☆ ☆ ☆

Banda Sonora: ____
☆ ☆ ☆ ☆ ☆

CALIFICACIÓN FINAL: ☆ ☆ ☆ ☆ ☆ _________ **estrellas**

Comentarios: ____
____
____
____

TÍTULO: ____

Año: _________ **Género:** _____________ **Fecha visionado:** _________

Director: ____

☆ ☆ ☆ ☆ ☆

Reparto: ____

____

☆ ☆ ☆ ☆ ☆

Guión: ____

☆ ☆ ☆ ☆ ☆

Fotografía: ____

☆ ☆ ☆ ☆ ☆

Efectos Visuales/Animación ______________________________

☆ ☆ ☆ ☆ ☆

Vestuario: ____

☆ ☆ ☆ ☆ ☆

Banda Sonora: ____

☆ ☆ ☆ ☆ ☆

CALIFICACIÓN FINAL: ☆ ☆ ☆ ☆ ☆ _________ **estrellas**

Comentarios: ____

____

____

____

TÍTULO: ____

Año: _________ **Género:** _____________ **Fecha visionado:** _______________

Director: ____

☆ ☆ ☆ ☆ ☆

Reparto: ____

____

☆ ☆ ☆ ☆ ☆

Guión: ____

☆ ☆ ☆ ☆ ☆

Fotografía: ____

☆ ☆ ☆ ☆ ☆

Efectos Visuales/Animación ____________________________

☆ ☆ ☆ ☆ ☆

Vestuario: ____

☆ ☆ ☆ ☆ ☆

Banda Sonora: ____

☆ ☆ ☆ ☆ ☆

CALIFICACIÓN FINAL: ☆ ☆ ☆ ☆ ☆ _________ estrellas

Comentarios: ____

____

____

____

TÍTULO: ____

Año: __________ **Género:** ______________ **Fecha visionado:** __________

Director: ____

☆ ☆ ☆ ☆ ☆

Reparto: ____

____

☆ ☆ ☆ ☆ ☆

Guión: ____

☆ ☆ ☆ ☆ ☆

Fotografía: ____

☆ ☆ ☆ ☆ ☆

Efectos Visuales/Animación ____________________________

☆ ☆ ☆ ☆ ☆

Vestuario: ____

☆ ☆ ☆ ☆ ☆

Banda Sonora: ____

☆ ☆ ☆ ☆ ☆

CALIFICACIÓN FINAL: ☆ ☆ ☆ ☆ ☆ __________ **estrellas**

Comentarios: ____

____

____

____

TÍTULO: ____

Año: _________ **Género:** ___________ **Fecha visionado:** _________

Director: ____

☆ ☆ ☆ ☆ ☆

Reparto: ____

____

☆ ☆ ☆ ☆ ☆

Guión: ____

☆ ☆ ☆ ☆ ☆

Fotografía: _______________________________________

☆ ☆ ☆ ☆ ☆

Efectos Visuales/Animación ________________________

☆ ☆ ☆ ☆ ☆

Vestuario: ____

☆ ☆ ☆ ☆ ☆

Banda Sonora: ____________________________________

☆ ☆ ☆ ☆ ☆

CALIFICACIÓN FINAL: ☆ ☆ ☆ ☆ ☆ _________ estrellas

Comentarios: ______________________________________

____

____

____

TÍTULO: ____

Año: __________ **Género:** __________ **Fecha visionado:** __________

Director: ____

☆ ☆ ☆ ☆ ☆

Reparto: ____

____

☆ ☆ ☆ ☆ ☆

Guión: ____

☆ ☆ ☆ ☆ ☆

Fotografía: ____

☆ ☆ ☆ ☆ ☆

Efectos Visuales/Animación ____

☆ ☆ ☆ ☆ ☆

Vestuario: ____

☆ ☆ ☆ ☆ ☆

Banda Sonora: ____

☆ ☆ ☆ ☆ ☆

CALIFICACIÓN FINAL: ☆ ☆ ☆ ☆ ☆ __________ **estrellas**

Comentarios: ____

____

____

____

TÍTULO: _______________________________

Año: _______ **Género:** _______ **Fecha visionado:** _______

Director: _______________________________

☆ ☆ ☆ ☆ ☆

Reparto: _______________________________

____

☆ ☆ ☆ ☆ ☆

Guión: _______________________________

☆ ☆ ☆ ☆ ☆

Fotografía: _______________________________

☆ ☆ ☆ ☆ ☆

Efectos Visuales/Animación _______________________________

☆ ☆ ☆ ☆ ☆

Vestuario: _______________________________

☆ ☆ ☆ ☆ ☆

Banda Sonora: _______________________________

☆ ☆ ☆ ☆ ☆

CALIFICACIÓN FINAL: ☆ ☆ ☆ ☆ ☆ _______ **estrellas**

Comentarios: _______________________________

____

____

____

TÍTULO:

Año: ______ Género: ______ Fecha visionado: ______

Director: ______

☆☆☆☆☆

Reparto: ______

☆☆☆☆☆

Guión: ______

☆☆☆☆☆

Fotografía: ______

☆☆☆☆☆

Efectos Visuales/Animación ______

☆☆☆☆☆

Vestuario: ______

☆☆☆☆☆

Banda Sonora: ______

☆☆☆☆☆

CALIFICACIÓN FINAL: ☆☆☆☆☆ ______ estrellas

Comentarios:

TÍTULO: _______________________________________

Año: __________ Género: __________ Fecha visionado: __________

Director: _______________________________________
☆ ☆ ☆ ☆ ☆

Reparto: _______________________________________
____
☆ ☆ ☆ ☆ ☆

Guión: _______________________________________
☆ ☆ ☆ ☆ ☆

Fotografía: _______________________________________
☆ ☆ ☆ ☆ ☆

Efectos Visuales/Animación _______________________________________
☆ ☆ ☆ ☆ ☆

Vestuario: _______________________________________
☆ ☆ ☆ ☆ ☆

Banda Sonora: _______________________________________
☆ ☆ ☆ ☆ ☆

CALIFICACIÓN FINAL: ☆ ☆ ☆ ☆ ☆ __________ estrellas

Comentarios: _______________________________________
____
____
____

TÍTULO: ____

Año: __________ Género: ______________ Fecha visionado: __________

Director: ____

☆☆☆☆☆

Reparto: ____

____

☆☆☆☆☆

Guión: ____

☆☆☆☆☆

Fotografía: ____

☆☆☆☆☆

Efectos Visuales/Animación _______________________________

☆☆☆☆☆

Vestuario: ____

☆☆☆☆☆

Banda Sonora: ____

☆☆☆☆☆

CALIFICACIÓN FINAL: ☆☆☆☆☆ __________ estrellas

Comentarios: ____

____

____

____

TÍTULO: _______________________________

Año: _______ Género: _________ Fecha visionado: _______

Director: _______________________________

Reparto: _______________________________

____

Guión: _______________________________

Fotografía: _______________________________

Efectos Visuales/Animación _______________________________

Vestuario: _______________________________

Banda Sonora: _______________________________

CALIFICACIÓN FINAL: ☆☆☆☆☆ _______ estrellas

Comentarios: _______________________________

____

____

____

TÍTULO: ____

Año: _______ **Género:** _______________ **Fecha visionado:** _______

Director: ____

☆ ☆ ☆ ☆ ☆

Reparto: ____

____

☆ ☆ ☆ ☆ ☆

Guión: ____

☆ ☆ ☆ ☆ ☆

Fotografía: ____

☆ ☆ ☆ ☆ ☆

Efectos Visuales/Animación ____

☆ ☆ ☆ ☆ ☆

Vestuario: ____

☆ ☆ ☆ ☆ ☆

Banda Sonora: ____

☆ ☆ ☆ ☆ ☆

CALIFICACIÓN FINAL: ☆ ☆ ☆ ☆ ☆ _______ estrellas

Comentarios: ____

____

____

____

TÍTULO: ____

Año: _________ Género: _______________ Fecha visionado: _______________

Director: ____

☆☆☆☆☆

Reparto: ____

____

☆☆☆☆☆

Guión: ____

☆☆☆☆☆

Fotografía: ____

☆☆☆☆☆

Efectos Visuales/Animación _______________________________

☆☆☆☆☆

Vestuario: ____

☆☆☆☆☆

Banda Sonora: ____

☆☆☆☆☆

CALIFICACIÓN FINAL: ☆☆☆☆☆ _________ estrellas

Comentarios: ____

____

____

____

TÍTULO: ____

Año: ________   Género: ___________   Fecha visionado: _________

Director: ____

☆ ☆ ☆ ☆ ☆

Reparto: ____

____

☆ ☆ ☆ ☆ ☆

Guión: ____

☆ ☆ ☆ ☆ ☆

Fotografía: ____

☆ ☆ ☆ ☆ ☆

Efectos Visuales/Animación _______________________________

☆ ☆ ☆ ☆ ☆

Vestuario: ____

☆ ☆ ☆ ☆ ☆

Banda Sonora: ____

☆ ☆ ☆ ☆ ☆

CALIFICACIÓN FINAL: ☆ ☆ ☆ ☆ ☆   _________ estrellas

Comentarios: ____

____

____

____

TÍTULO: _______________________________________

Año: _______   Género: _______   Fecha visionado: _______

Director: _______________________________________

☆ ☆ ☆ ☆ ☆

Reparto: _______________________________________

____

☆ ☆ ☆ ☆ ☆

Guión: _______________________________________

☆ ☆ ☆ ☆ ☆

Fotografía: _______________________________________

☆ ☆ ☆ ☆ ☆

Efectos Visuales/Animación _______________________________________

☆ ☆ ☆ ☆ ☆

Vestuario: _______________________________________

☆ ☆ ☆ ☆ ☆

Banda Sonora: _______________________________________

☆ ☆ ☆ ☆ ☆

CALIFICACIÓN FINAL: ☆ ☆ ☆ ☆ ☆ _______ estrellas

Comentarios: _______________________________________

____

____

____

TÍTULO: ____

Año: _________ **Género:** ______________ **Fecha visionado:** _________

Director: ____

☆ ☆ ☆ ☆ ☆

Reparto: ____

____

☆ ☆ ☆ ☆ ☆

Guión: ____

☆ ☆ ☆ ☆ ☆

Fotografía: ____

☆ ☆ ☆ ☆ ☆

Efectos Visuales/Animación ___________________________

☆ ☆ ☆ ☆ ☆

Vestuario: ____

☆ ☆ ☆ ☆ ☆

Banda Sonora: ____

☆ ☆ ☆ ☆ ☆

CALIFICACIÓN FINAL: ☆ ☆ ☆ ☆ ☆ __________ **estrellas**

Comentarios: ____

____

____

____

TÍTULO: ____

Año: _________ **Género:** _____________ **Fecha visionado:** _________

Director: ____

☆☆☆☆☆

Reparto: ____

____

☆☆☆☆☆

Guión: ____

☆☆☆☆☆

Fotografía: ____

☆☆☆☆☆

Efectos Visuales/Animación ____________________________

☆☆☆☆☆

Vestuario: ____

☆☆☆☆☆

Banda Sonora: ____

☆☆☆☆☆

CALIFICACIÓN FINAL: ☆☆☆☆☆ _________ **estrellas**

Comentarios: ____

____

____

____

TÍTULO: ____

Año: __________ **Género:** ______________ **Fecha visionado:** __________

Director: ____

☆ ☆ ☆ ☆ ☆

Reparto: ____

____

☆ ☆ ☆ ☆ ☆

Guión: ____

☆ ☆ ☆ ☆ ☆

Fotografía: ____

☆ ☆ ☆ ☆ ☆

Efectos Visuales/Animación _______________________________

☆ ☆ ☆ ☆ ☆

Vestuario: ____

☆ ☆ ☆ ☆ ☆

Banda Sonora: ____

☆ ☆ ☆ ☆ ☆

CALIFICACIÓN FINAL: ☆ ☆ ☆ ☆ ☆ __________ **estrellas**

Comentarios: ____

____

____

____

TÍTULO: ____

Año: _______   Género: ______________   Fecha visionado: ______________

Director: ____

☆ ☆ ☆ ☆ ☆

Reparto: ____

____

☆ ☆ ☆ ☆ ☆

Guión: ____

☆ ☆ ☆ ☆ ☆

Fotografía: ____

☆ ☆ ☆ ☆ ☆

Efectos Visuales/Animación ____

☆ ☆ ☆ ☆ ☆

Vestuario: ____

☆ ☆ ☆ ☆ ☆

Banda Sonora: ____

☆ ☆ ☆ ☆ ☆

CALIFICACIÓN FINAL: ☆ ☆ ☆ ☆ ☆ __________ estrellas

Comentarios: ____

____

____

____

TÍTULO: ____

Año: __________ **Género:** _______________ **Fecha visionado:** __________

Director: ____

☆ ☆ ☆ ☆ ☆

Reparto: ____

____

☆ ☆ ☆ ☆ ☆

Guión: ____

☆ ☆ ☆ ☆ ☆

Fotografía: ____

☆ ☆ ☆ ☆ ☆

Efectos Visuales/Animación ____________________________

☆ ☆ ☆ ☆ ☆

Vestuario: ____

☆ ☆ ☆ ☆ ☆

Banda Sonora: ____

☆ ☆ ☆ ☆ ☆

CALIFICACIÓN FINAL: ☆ ☆ ☆ ☆ ☆ __________ **estrellas**

Comentarios:

____

____

____

____

TÍTULO: ____

Año: _________ **Género:** _____________ **Fecha visionado:** _________

Director: ____

☆ ☆ ☆ ☆ ☆

Reparto: ____

____

☆ ☆ ☆ ☆ ☆

Guión: ____

☆ ☆ ☆ ☆ ☆

Fotografía: ____

☆ ☆ ☆ ☆ ☆

Efectos Visuales/Animación ____________________________

☆ ☆ ☆ ☆ ☆

Vestuario: ____

☆ ☆ ☆ ☆ ☆

Banda Sonora: ____

☆ ☆ ☆ ☆ ☆

CALIFICACIÓN FINAL: ☆ ☆ ☆ ☆ ☆ _________ **estrellas**

Comentarios: ____

____

____

____

TÍTULO: ____

Año: ________   Género: ________________   Fecha visionado: ___________

Director: ____

☆ ☆ ☆ ☆ ☆

Reparto: ____

____

☆ ☆ ☆ ☆ ☆

Guión: ____

☆ ☆ ☆ ☆ ☆

Fotografía: ____

☆ ☆ ☆ ☆ ☆

Efectos Visuales/Animación _______________________________

☆ ☆ ☆ ☆ ☆

Vestuario: ____

☆ ☆ ☆ ☆ ☆

Banda Sonora: ____

☆ ☆ ☆ ☆ ☆

CALIFICACIÓN FINAL: ☆ ☆ ☆ ☆ ☆ ________ estrellas

Comentarios: ____

____

____

____

TÍTULO: ____

Año: __________ Género: __________ Fecha visionado: __________

Director: ____

☆☆☆☆☆

Reparto: ____

____

☆☆☆☆☆

Guión: ____

☆☆☆☆☆

Fotografía: ____

☆☆☆☆☆

Efectos Visuales/Animación ____

☆☆☆☆☆

Vestuario: ____

☆☆☆☆☆

Banda Sonora: ____

☆☆☆☆☆

CALIFICACIÓN FINAL: ☆☆☆☆☆ __________ estrellas

Comentarios: ____

____

____

____

TÍTULO: ____

Año: __________ **Género:** __________ **Fecha visionado:** __________

Director: ____

☆ ☆ ☆ ☆ ☆

Reparto: ____

____

☆ ☆ ☆ ☆ ☆

Guión: ____

☆ ☆ ☆ ☆ ☆

Fotografía: ____

☆ ☆ ☆ ☆ ☆

Efectos Visuales/Animación ____________________________

☆ ☆ ☆ ☆ ☆

Vestuario: ____

☆ ☆ ☆ ☆ ☆

Banda Sonora: ____

☆ ☆ ☆ ☆ ☆

CALIFICACIÓN FINAL: ☆ ☆ ☆ ☆ ☆ __________ **estrellas**

Comentarios:

____

____

____

____

TÍTULO: ____

Año: __________ **Género:** __________ **Fecha visionado:** __________

Director: ____

☆ ☆ ☆ ☆ ☆

Reparto: ____

____

☆ ☆ ☆ ☆ ☆

Guión: ____

☆ ☆ ☆ ☆ ☆

Fotografía: ____

☆ ☆ ☆ ☆ ☆

Efectos Visuales/Animación ____

☆ ☆ ☆ ☆ ☆

Vestuario: ____

☆ ☆ ☆ ☆ ☆

Banda Sonora: ____

☆ ☆ ☆ ☆ ☆

CALIFICACIÓN FINAL: ☆ ☆ ☆ ☆ ☆ __________ **estrellas**

Comentarios: ____

____

____

____

TÍTULO:

Año: Género: Fecha visionado:

Director:

Reparto:

Guión:

Fotografía:

Efectos Visuales/Animación

Vestuario:

Banda Sonora:

CALIFICACIÓN FINAL: estrellas

Comentarios:

TÍTULO: ____

Año: __________ Género: __________ Fecha visionado: __________

Director: ____

☆ ☆ ☆ ☆ ☆

Reparto: ____

____

☆ ☆ ☆ ☆ ☆

Guión: ____

☆ ☆ ☆ ☆ ☆

Fotografía: ____

☆ ☆ ☆ ☆ ☆

Efectos Visuales/Animación ____

☆ ☆ ☆ ☆ ☆

Vestuario: ____

☆ ☆ ☆ ☆ ☆

Banda Sonora: ____

☆ ☆ ☆ ☆ ☆

CALIFICACIÓN FINAL: ☆ ☆ ☆ ☆ ☆ __________ estrellas

Comentarios: ____

____

____

____

TÍTULO:______________________________________

Año: __________ **Género:** ______________ **Fecha visionado:** __________

Director: ______________________________________
☆ ☆ ☆ ☆ ☆

Reparto: ______________________________________

____
☆ ☆ ☆ ☆ ☆

Guión: ______________________________________
☆ ☆ ☆ ☆ ☆

Fotografía: ______________________________________
☆ ☆ ☆ ☆ ☆

Efectos Visuales/Animación______________________
☆ ☆ ☆ ☆ ☆

Vestuario: ______________________________________
☆ ☆ ☆ ☆ ☆

Banda Sonora: ______________________________________
☆ ☆ ☆ ☆ ☆

CALIFICACIÓN FINAL: ☆ ☆ ☆ ☆ ☆ __________ **estrellas**

Comentarios: ______________________________________

____

____

____

TÍTULO: ____

Año: _________ Género: _______________ Fecha visionado: _________

Director: ____

☆ ☆ ☆ ☆ ☆

Reparto: ____

____

☆ ☆ ☆ ☆ ☆

Guión: ____

☆ ☆ ☆ ☆ ☆

Fotografía: ____

☆ ☆ ☆ ☆ ☆

Efectos Visuales/Animación _____________________________

☆ ☆ ☆ ☆ ☆

Vestuario: ____

☆ ☆ ☆ ☆ ☆

Banda Sonora: ____

☆ ☆ ☆ ☆ ☆

CALIFICACIÓN FINAL: ☆ ☆ ☆ ☆ ☆ _________ estrellas

Comentarios: ____

____

____

____

TÍTULO: ____

Año: _________ Género: _____________ Fecha visionado: __________

Director: ____

☆ ☆ ☆ ☆ ☆

Reparto: ____
____

☆ ☆ ☆ ☆ ☆

Guión: ____

☆ ☆ ☆ ☆ ☆

Fotografía: ____

☆ ☆ ☆ ☆ ☆

Efectos Visuales/Animación _______________________________

☆ ☆ ☆ ☆ ☆

Vestuario: ____

☆ ☆ ☆ ☆ ☆

Banda Sonora: ____

☆ ☆ ☆ ☆ ☆

CALIFICACIÓN FINAL: ☆ ☆ ☆ ☆ ☆ __________ estrellas

Comentarios: ____
____
____
____

TÍTULO: ____

Año: _______ **Género:** _______________ **Fecha visionado:** _______

Director: ____

☆ ☆ ☆ ☆ ☆

Reparto: ____

____

☆ ☆ ☆ ☆ ☆

Guión: ____

☆ ☆ ☆ ☆ ☆

Fotografía: ____

☆ ☆ ☆ ☆ ☆

Efectos Visuales/Animación ____

☆ ☆ ☆ ☆ ☆

Vestuario: ____

☆ ☆ ☆ ☆ ☆

Banda Sonora: ____

☆ ☆ ☆ ☆ ☆

CALIFICACIÓN FINAL: ☆ ☆ ☆ ☆ ☆ _______ **estrellas**

Comentarios: ____

____

____

____

TÍTULO: _______________________________

Año: __________ Género: __________ Fecha visionado: __________

Director: _______________________________

☆☆☆☆☆

Reparto: _______________________________

____

☆☆☆☆☆

Guión: _______________________________

☆☆☆☆☆

Fotografía: _______________________________

☆☆☆☆☆

Efectos Visuales/Animación _______________________________

☆☆☆☆☆

Vestuario: _______________________________

☆☆☆☆☆

Banda Sonora: _______________________________

☆☆☆☆☆

CALIFICACIÓN FINAL: ☆☆☆☆☆ __________ estrellas

Comentarios: _______________________________

____

____

____

TÍTULO: _______________________________________

Año: _______ Género: _____________ Fecha visionado: _________

Director: ______________________________________

☆ ☆ ☆ ☆ ☆

Reparto: _______________________________________

____

☆ ☆ ☆ ☆ ☆

Guión: _______________________________________

☆ ☆ ☆ ☆ ☆

Fotografía: _______________________________________

☆ ☆ ☆ ☆ ☆

Efectos Visuales/Animación _______________________

☆ ☆ ☆ ☆ ☆

Vestuario: _______________________________________

☆ ☆ ☆ ☆ ☆

Banda Sonora: _______________________________________

☆ ☆ ☆ ☆ ☆

CALIFICACIÓN FINAL: ☆ ☆ ☆ ☆ ☆ _________ estrellas

Comentarios: _______________________________________

____

____

____

TÍTULO: ____

Año: _______ **Género:** _____________ **Fecha visionado:** _______

Director: ____

☆☆☆☆☆

Reparto: ____

____

☆☆☆☆☆

Guión: ____

☆☆☆☆☆

Fotografía: ____

☆☆☆☆☆

Efectos Visuales/Animación ______________________________

☆☆☆☆☆

Vestuario: ____

☆☆☆☆☆

Banda Sonora: ____

☆☆☆☆☆

CALIFICACIÓN FINAL: ☆☆☆☆☆ _______ **estrellas**

Comentarios: ____

____

____

____

TÍTULO: ____

Año: _________ Género: _____________ Fecha visionado: _____________

Director: ______________________________________

☆ ☆ ☆ ☆ ☆

Reparto: _______________________________________

____

☆ ☆ ☆ ☆ ☆

Guión: ____

☆ ☆ ☆ ☆ ☆

Fotografía: _____________________________________

☆ ☆ ☆ ☆ ☆

Efectos Visuales/Animación ______________________

☆ ☆ ☆ ☆ ☆

Vestuario: ______________________________________

☆ ☆ ☆ ☆ ☆

Banda Sonora: __________________________________

☆ ☆ ☆ ☆ ☆

CALIFICACIÓN FINAL: ☆ ☆ ☆ ☆ ☆ _________ estrellas

Comentarios: ___________________________________

____

____

____

TÍTULO: ____

Año: _________ Género: _____________ Fecha visionado: _________

Director: ____

☆ ☆ ☆ ☆ ☆

Reparto: ____

____

☆ ☆ ☆ ☆ ☆

Guión: ____

☆ ☆ ☆ ☆ ☆

Fotografía: ____

☆ ☆ ☆ ☆ ☆

Efectos Visuales/Animación _______________________________________

☆ ☆ ☆ ☆ ☆

Vestuario: ____

☆ ☆ ☆ ☆ ☆

Banda Sonora: ____

☆ ☆ ☆ ☆ ☆

CALIFICACIÓN FINAL: ☆ ☆ ☆ ☆ ☆ _________ estrellas

Comentarios: ____

____

____

____

TÍTULO: ____

Año: __________   Género: __________   Fecha visionado: __________

Director: ____

☆ ☆ ☆ ☆ ☆

Reparto: ____

____

☆ ☆ ☆ ☆ ☆

Guión: ____

☆ ☆ ☆ ☆ ☆

Fotografía: ____

☆ ☆ ☆ ☆ ☆

Efectos Visuales/Animación _______________________________

☆ ☆ ☆ ☆ ☆

Vestuario: ____

☆ ☆ ☆ ☆ ☆

Banda Sonora: ____

☆ ☆ ☆ ☆ ☆

CALIFICACIÓN FINAL: ☆ ☆ ☆ ☆ ☆   __________ estrellas

Comentarios: ____

____

____

____

TÍTULO: ____

Año: _________ **Género:** _____________ **Fecha visionado:** _________

Director: ____

☆☆☆☆☆

Reparto: ____

____

☆☆☆☆☆

Guión: ____

☆☆☆☆☆

Fotografía: ____

☆☆☆☆☆

Efectos Visuales/Animación ___________________________

☆☆☆☆☆

Vestuario: ____

☆☆☆☆☆

Banda Sonora: _______________________________________

☆☆☆☆☆

CALIFICACIÓN FINAL: ☆☆☆☆☆ _________ **estrellas**

Comentarios:

____

____

____

____

TÍTULO: ____

Año: _______ Género: _______________ Fecha visionado: _________

Director: ____

☆ ☆ ☆ ☆ ☆

Reparto: ____

____

☆ ☆ ☆ ☆ ☆

Guión: ____

☆ ☆ ☆ ☆ ☆

Fotografía: ____

☆ ☆ ☆ ☆ ☆

Efectos Visuales/Animación _______________________________

☆ ☆ ☆ ☆ ☆

Vestuario: ____

☆ ☆ ☆ ☆ ☆

Banda Sonora: ____

☆ ☆ ☆ ☆ ☆

CALIFICACIÓN FINAL: ☆ ☆ ☆ ☆ ☆ __________ estrellas

Comentarios: ____

____

____

____

TÍTULO: _______________________________________

Año: _________ Género: _____________ Fecha visionado: _________

Director: _______________________________________

☆ ☆ ☆ ☆ ☆

Reparto: _______________________________________

____

☆ ☆ ☆ ☆ ☆

Guión: _______________________________________

☆ ☆ ☆ ☆ ☆

Fotografía: _______________________________________

☆ ☆ ☆ ☆ ☆

Efectos Visuales/Animación _______________________________________

☆ ☆ ☆ ☆ ☆

Vestuario: _______________________________________

☆ ☆ ☆ ☆ ☆

Banda Sonora: _______________________________________

☆ ☆ ☆ ☆ ☆

CALIFICACIÓN FINAL: ☆ ☆ ☆ ☆ ☆ _________ estrellas

Comentarios: _______________________________________

____

____

____

TÍTULO: ____

Año: _________ **Género:** _____________ **Fecha visionado:** _____________

Director: ____

☆ ☆ ☆ ☆ ☆

Reparto: ____

____

☆ ☆ ☆ ☆ ☆

Guión: ____

☆ ☆ ☆ ☆ ☆

Fotografía: ____

☆ ☆ ☆ ☆ ☆

Efectos Visuales/Animación ____

☆ ☆ ☆ ☆ ☆

Vestuario: ____

☆ ☆ ☆ ☆ ☆

Banda Sonora: ____

☆ ☆ ☆ ☆ ☆

CALIFICACIÓN FINAL: ☆ ☆ ☆ ☆ ☆ _____________ **estrellas**

Comentarios: ____

____

____

TÍTULO: ____

Año: _________ Género: _________ Fecha visionado: _________

Director: ____

☆ ☆ ☆ ☆ ☆

Reparto: ____

____

☆ ☆ ☆ ☆ ☆

Guión: ____

☆ ☆ ☆ ☆ ☆

Fotografía: ____

☆ ☆ ☆ ☆ ☆

Efectos Visuales/Animación _______________________________

☆ ☆ ☆ ☆ ☆

Vestuario: ____

☆ ☆ ☆ ☆ ☆

Banda Sonora: ____

☆ ☆ ☆ ☆ ☆

CALIFICACIÓN FINAL: ☆ ☆ ☆ ☆ ☆ _________ estrellas

Comentarios: ____

____

____

____

TÍTULO: ____

Año: _________   Género: _______________   Fecha visionado: __________

Director: ____

☆ ☆ ☆ ☆ ☆

Reparto: ____

____

☆ ☆ ☆ ☆ ☆

Guión: ____

☆ ☆ ☆ ☆ ☆

Fotografía: ____

☆ ☆ ☆ ☆ ☆

Efectos Visuales/Animación ____

☆ ☆ ☆ ☆ ☆

Vestuario: ____

☆ ☆ ☆ ☆ ☆

Banda Sonora: ____

☆ ☆ ☆ ☆ ☆

CALIFICACIÓN FINAL: ☆ ☆ ☆ ☆ ☆ __________ estrellas

Comentarios: ____

____

____

____

TÍTULO: _______________________________________

Año: _________ Género: _____________ Fecha visionado: _________

Director: _______________________________________

Reparto: _______________________________________

____

Guión: _______________________________________

Fotografía: _______________________________________

Efectos Visuales/Animación _______________________________________

Vestuario: _______________________________________

Banda Sonora: _______________________________________

CALIFICACIÓN FINAL: ☆☆☆☆☆ _________ estrellas

Comentarios:

____

____

____

____

TÍTULO: _______________________________

Año: _______ **Género:** _______________ **Fecha visionado:** _______

Director: _____________________________

☆ ☆ ☆ ☆ ☆

Reparto: ______________________________

____

☆ ☆ ☆ ☆ ☆

Guión: ________________________________

☆ ☆ ☆ ☆ ☆

Fotografía: ____________________________

☆ ☆ ☆ ☆ ☆

Efectos Visuales/Animación _____________

☆ ☆ ☆ ☆ ☆

Vestuario: _____________________________

☆ ☆ ☆ ☆ ☆

Banda Sonora: _________________________

☆ ☆ ☆ ☆ ☆

CALIFICACIÓN FINAL: ☆ ☆ ☆ ☆ ☆ _______ **estrellas**

Comentarios: __________________________

____

____

TÍTULO: ____

Año: _________ **Género:** ________________ **Fecha visionado:** _________

Director: ____

☆ ☆ ☆ ☆ ☆

Reparto: ____

____

☆ ☆ ☆ ☆ ☆

Guión: ____

☆ ☆ ☆ ☆ ☆

Fotografía: ____

☆ ☆ ☆ ☆ ☆

Efectos Visuales/Animación ____________________________

☆ ☆ ☆ ☆ ☆

Vestuario: ____

☆ ☆ ☆ ☆ ☆

Banda Sonora: ____

☆ ☆ ☆ ☆ ☆

CALIFICACIÓN FINAL: ☆ ☆ ☆ ☆ ☆ __________ **estrellas**

Comentarios: ____

____

____

____

TÍTULO: ____

Año: _______ Género: ____________ Fecha visionado: ____________

Director: ____

☆ ☆ ☆ ☆ ☆

Reparto: ____

____

☆ ☆ ☆ ☆ ☆

Guión: ____

☆ ☆ ☆ ☆ ☆

Fotografía: ____

☆ ☆ ☆ ☆ ☆

Efectos Visuales/Animación ____________________________

☆ ☆ ☆ ☆ ☆

Vestuario: ____

☆ ☆ ☆ ☆ ☆

Banda Sonora: ____

☆ ☆ ☆ ☆ ☆

CALIFICACIÓN FINAL: ☆ ☆ ☆ ☆ ☆ __________ estrellas

Comentarios:
____

____

____

____

TÍTULO: _______________________________________

Año: _________ **Género:** _______________ **Fecha visionado:** _________

Director: _______________________________________

☆ ☆ ☆ ☆ ☆

Reparto: _______________________________________

____

☆ ☆ ☆ ☆ ☆

Guión: _______________________________________

☆ ☆ ☆ ☆ ☆

Fotografía: _______________________________________

☆ ☆ ☆ ☆ ☆

Efectos Visuales/Animación _______________________________________

☆ ☆ ☆ ☆ ☆

Vestuario: _______________________________________

☆ ☆ ☆ ☆ ☆

Banda Sonora: _______________________________________

☆ ☆ ☆ ☆ ☆

CALIFICACIÓN FINAL: ☆ ☆ ☆ ☆ ☆ _________ **estrellas**

Comentarios:

____

____

____

TÍTULO: _______________________________________

Año: _________ **Género:** _____________ **Fecha visionado:** _____________

Director: _____________________________________

Reparto: ______________________________________

____

Guión: ____

Fotografía: ____________________________________

Efectos Visuales/Animación ____________________

Vestuario: _____________________________________

Banda Sonora: _________________________________

CALIFICACIÓN FINAL: ☆ ☆ ☆ ☆ ☆ _________ **estrellas**

Comentarios: __________________________________

____

____

____

TÍTULO: _______________________________

Año: ________ **Género:** __________ **Fecha visionado:** ________

Director: _______________________________

☆ ☆ ☆ ☆ ☆

Reparto: _______________________________

____

☆ ☆ ☆ ☆ ☆

Guión: _______________________________

☆ ☆ ☆ ☆ ☆

Fotografía: _______________________________

☆ ☆ ☆ ☆ ☆

Efectos Visuales/Animación _______________________________

☆ ☆ ☆ ☆ ☆

Vestuario: _______________________________

☆ ☆ ☆ ☆ ☆

Banda Sonora: _______________________________

☆ ☆ ☆ ☆ ☆

CALIFICACIÓN FINAL: ☆ ☆ ☆ ☆ ☆ ________ **estrellas**

Comentarios:

____

____

____

____

TÍTULO: ____

Año: _________ Género: _____________ Fecha visionado: _________

Director: ____

☆ ☆ ☆ ☆ ☆

Reparto: ____

____

☆ ☆ ☆ ☆ ☆

Guión: ____

☆ ☆ ☆ ☆ ☆

Fotografía: ____

☆ ☆ ☆ ☆ ☆

Efectos Visuales/Animación ____

☆ ☆ ☆ ☆ ☆

Vestuario: ____

☆ ☆ ☆ ☆ ☆

Banda Sonora: ____

☆ ☆ ☆ ☆ ☆

CALIFICACIÓN FINAL: ☆ ☆ ☆ ☆ ☆ _________ **estrellas**

Comentarios: ____

____

____

TÍTULO: ____

Año: _______ **Género:** ________________ **Fecha visionado:** __________

Director: ____

☆ ☆ ☆ ☆ ☆

Reparto: ____

____

☆ ☆ ☆ ☆ ☆

Guión: ____

☆ ☆ ☆ ☆ ☆

Fotografía: ____

☆ ☆ ☆ ☆ ☆

Efectos Visuales/Animación ______________________________

☆ ☆ ☆ ☆ ☆

Vestuario: ____

☆ ☆ ☆ ☆ ☆

Banda Sonora: ____

☆ ☆ ☆ ☆ ☆

CALIFICACIÓN FINAL: ☆ ☆ ☆ ☆ ☆ __________ **estrellas**

Comentarios:

____

____

____

____

TÍTULO: ____

Año: _______ **Género:** _____________ **Fecha visionado:** _____________

Director: ____

☆ ☆ ☆ ☆ ☆

Reparto: ____

____

☆ ☆ ☆ ☆ ☆

Guión: ____

☆ ☆ ☆ ☆ ☆

Fotografía: ____

☆ ☆ ☆ ☆ ☆

Efectos Visuales/Animación ___________________________

☆ ☆ ☆ ☆ ☆

Vestuario: ____

☆ ☆ ☆ ☆ ☆

Banda Sonora: ____

☆ ☆ ☆ ☆ ☆

CALIFICACIÓN FINAL: ☆ ☆ ☆ ☆ ☆ _________ **estrellas**

Comentarios: ____

____

____

TÍTULO:

Año: ___________ Género: ___________ Fecha visionado: ___________

Director:

☆ ☆ ☆ ☆ ☆

Reparto:

☆ ☆ ☆ ☆ ☆

Guión:

☆ ☆ ☆ ☆ ☆

Fotografía:

☆ ☆ ☆ ☆ ☆

Efectos Visuales/Animación

☆ ☆ ☆ ☆ ☆

Vestuario:

☆ ☆ ☆ ☆ ☆

Banda Sonora:

☆ ☆ ☆ ☆ ☆

CALIFICACIÓN FINAL: ☆ ☆ ☆ ☆ ☆ ___________ estrellas

Comentarios:

TÍTULO:

Año: Género: Fecha visionado:

Director:

Reparto:

Guión:

Fotografía:

Efectos Visuales/Animación

Vestuario:

Banda Sonora:

CALIFICACIÓN FINAL: _______ estrellas

Comentarios:

TÍTULO: _______________________________________

Año: __________ Género: __________ Fecha visionado: __________

Director: _______________________________________

☆☆☆☆☆

Reparto: _______________________________________

____

☆☆☆☆☆

Guión: _______________________________________

☆☆☆☆☆

Fotografía: _______________________________________

☆☆☆☆☆

Efectos Visuales/Animación _______________________________________

☆☆☆☆☆

Vestuario: _______________________________________

☆☆☆☆☆

Banda Sonora: _______________________________________

☆☆☆☆☆

CALIFICACIÓN FINAL: ☆☆☆☆☆ __________ estrellas

Comentarios:

____

____

____

____

TÍTULO:____

Año:_______ Género:__________ Fecha visionado:_________

Director:____

☆ ☆ ☆ ☆ ☆

Reparto:____

____

☆ ☆ ☆ ☆ ☆

Guión:____

☆ ☆ ☆ ☆ ☆

Fotografía:____

☆ ☆ ☆ ☆ ☆

Efectos Visuales/Animación________________________

☆ ☆ ☆ ☆ ☆

Vestuario:____

☆ ☆ ☆ ☆ ☆

Banda Sonora:____

☆ ☆ ☆ ☆ ☆

CALIFICACIÓN FINAL: ☆ ☆ ☆ ☆ ☆ _________ **estrellas**

Comentarios:____

____

____

____

TÍTULO: ____

Año: __________ Género: __________ Fecha visionado: __________

Director: ____

☆ ☆ ☆ ☆ ☆

Reparto: ____

____

☆ ☆ ☆ ☆ ☆

Guión: ____

☆ ☆ ☆ ☆ ☆

Fotografía: ____

☆ ☆ ☆ ☆ ☆

Efectos Visuales/Animación ____

☆ ☆ ☆ ☆ ☆

Vestuario: ____

☆ ☆ ☆ ☆ ☆

Banda Sonora: ____

☆ ☆ ☆ ☆ ☆

CALIFICACIÓN FINAL: ☆ ☆ ☆ ☆ ☆ __________ estrellas

Comentarios:

____

____

____

____

TÍTULO: ____

Año: _______ **Género:** _____________ **Fecha visionado:** ___________

Director: ____

☆☆☆☆☆

Reparto: ____

____

☆☆☆☆☆

Guión: ____

☆☆☆☆☆

Fotografía: ____

☆☆☆☆☆

Efectos Visuales/Animación ____________________________

☆☆☆☆☆

Vestuario: ____

☆☆☆☆☆

Banda Sonora: ____

☆☆☆☆☆

CALIFICACIÓN FINAL: ☆☆☆☆☆ __________ **estrellas**

Comentarios: ____

____

____

TÍTULO: _______________________________________

Año: ________ **Género:** __________ **Fecha visionado:** ________

Director: _______________________________________

☆ ☆ ☆ ☆ ☆

Reparto: _______________________________________

____

☆ ☆ ☆ ☆ ☆

Guión: _______________________________________

☆ ☆ ☆ ☆ ☆

Fotografía: _______________________________________

☆ ☆ ☆ ☆ ☆

Efectos Visuales/Animación _______________________________________

☆ ☆ ☆ ☆ ☆

Vestuario: _______________________________________

☆ ☆ ☆ ☆ ☆

Banda Sonora: _______________________________________

☆ ☆ ☆ ☆ ☆

CALIFICACIÓN FINAL: ☆ ☆ ☆ ☆ ☆ ________ **estrellas**

Comentarios: _______________________________________

____

____

____

TÍTULO:

Año: ______ Género: ______ Fecha visionado: ______

Director:

Reparto:

Guión:

Fotografía:

Efectos Visuales/Animación

Vestuario:

Banda Sonora:

CALIFICACIÓN FINAL: ______ estrellas

Comentarios:

TÍTULO: ____

Año: _________ Género: _____________ Fecha visionado: _________

Director: ____

☆ ☆ ☆ ☆ ☆

Reparto: ____

____

☆ ☆ ☆ ☆ ☆

Guión: ____

☆ ☆ ☆ ☆ ☆

Fotografía: ____

☆ ☆ ☆ ☆ ☆

Efectos Visuales/Animación _______________________________

☆ ☆ ☆ ☆ ☆

Vestuario: ____

☆ ☆ ☆ ☆ ☆

Banda Sonora: ____

☆ ☆ ☆ ☆ ☆

CALIFICACIÓN FINAL: ☆ ☆ ☆ ☆ ☆ _________ estrellas

Comentarios: ____

____

____

____

____